刺繍でたのしむ
ハンドメイドアクセサリー

山神亜衣子

河出書房新社

Contents

page

パンジー	4	〔ハットピン〕	how to make: 56
蝶	5	〔ブローチ〕	how to make: 57
シック&アースカラーのジュエリーモチーフ	6	〔ヘアゴム、バレッタ、ネックレス〕	how to make: 58
フラワー	8	〔ブローチ〕	how to make: 60
ロゼット	10	〔ブローチ〕	how to make: 62
ドゥオモ	12	〔ブローチ〕	how to make: 64
王冠	13	〔ブローチ〕	how to make: 65
蝶と花	14	〔ピアス〕	how to make: 66
花	15	〔ヘアゴム〕	how to make: 67
ブーケ	15	〔ブローチ〕	how to make: 66
くつ下	16	〔ブローチ〕	how to make: 68
タキシード&ドレス	17	〔ブローチ〕	how to make: 69
スクエア、ドロップ、オーバル	18	〔ピアス、リング、ヘアピン、ネックレス〕	how to make: 70
クロスとドロップ	20	〔ネックレス、ピアス〕	how to make: 72
パステルカラーのジュエリーモチーフ	21	〔ネックレス〕	how to make: 74
レオパード柄のリボン	22	〔ブローチ〕	how to make: 76
アニマル柄のリボン	23	〔ネックレス〕	how to make: 77
ライオン	24	〔ブローチ〕	how to make: 78
キリン	25	〔ブローチ〕	how to make: 78
サーカス小屋	26	〔ブローチ〕	how to make: 79

page

恐竜	27	〔ブローチ〕	how to make 80
フクロウ	28	〔ブローチ〕	how to make 81
クジャク	29	〔ブローチ〕	how to make 82
蝶ネクタイ	30	〔クリップ〕	how to make 84
どうぶつ＆ナンバー	31	〔ブローチ〕	how to make 83
魚	32	〔ブローチ〕	how to make 86
タコ、イカ	33	〔ブローチ〕	how to make 87
きのこ	34	〔ブローチ〕	how to make 88
いちご	36	〔タックピン〕	how to make 90
フルーツ	37	〔ハットピン〕	how to make 91
バースデーケーキ	38	〔ブローチ〕	how to make 92
小さなスイーツ	38	〔タックピン〕	how to make 92
ティーセット	39	〔ネックレス〕	how to make 94
リボン	40	〔ブローチ〕	how to make 95

本書の刺繍で使う道具と材料	42
刺繍アクセサリー　基本の作り方	44
表布と裏布の合わせ方	46
基本のステッチ	50
アクセサリーへの仕立て方	53
アクセサリー金具の取り付け方	54

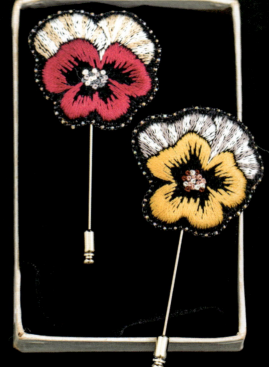

パンジー

ハットピン

how to make : p.56

蝶
ブローチ
how to make : p.57

シック&アースカラーの
ジュエリーモチーフ

ヘアゴム、バレッタ、ネックレス

how to make p.58-59

フラワー
ブローチ

how to make : p.60-61

ロゼット
ブローチ

how to make : p.62-63

ドゥオモ、王冠
ブローチ

how to make : p.64-65

蝶と花
ピアス
how to make p.66

花
ヘアゴム
how to make : p.67

ブーケ
ブローチ
how to make : p.66

くつ下
ブローチ

how to make : p.68

タキシード＆ドレス
ブローチ

how to make : p.69

スクエア、トロップ、
オーバル

ピアス、リング、ヘアピン、ネックレス

how to make p.70-71

クロスとドロップ
ネックレス、ピアス

how to make : p.72-73

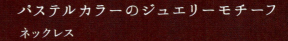

パステルカラーのジュエリーモチーフ
ネックレス

how to make : p.74-75

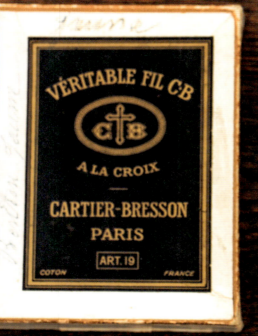

レオパード柄
のリボン
ブローチ

how to make p.76

アニマル柄のリボン
ネックレス

how to make : p.77

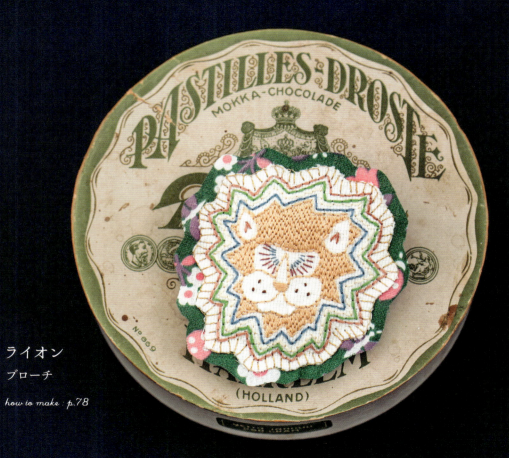

ライオン
ブローチ
how to make : p.78

キリン
ブローチ

how to make : p.78

25

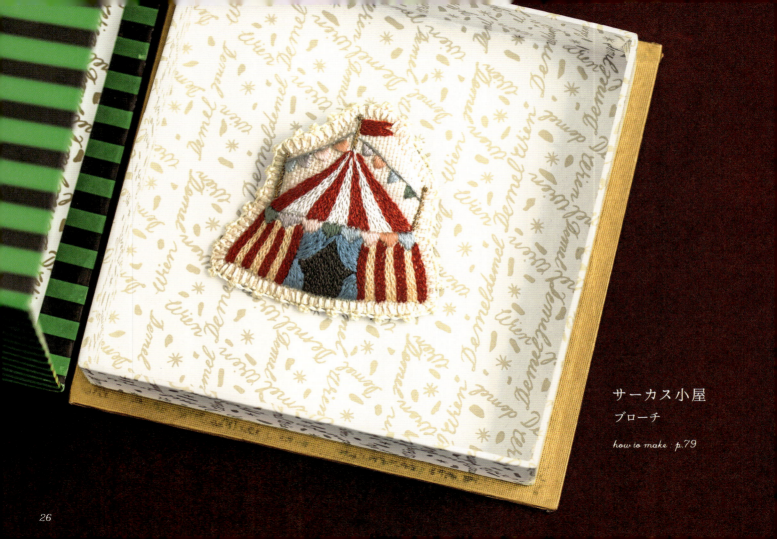

サーカス小屋
ブローチ
how to make : p.79

恐竜
ブローチ

how to make : p.80

フクロウ
ブローチ

how to make : p.81

クジャク
ブローチ
how to make p.82

蝶ネクタイ
クリップ

どうぶつ＆ナンバー
ブローチ

how to make p.83

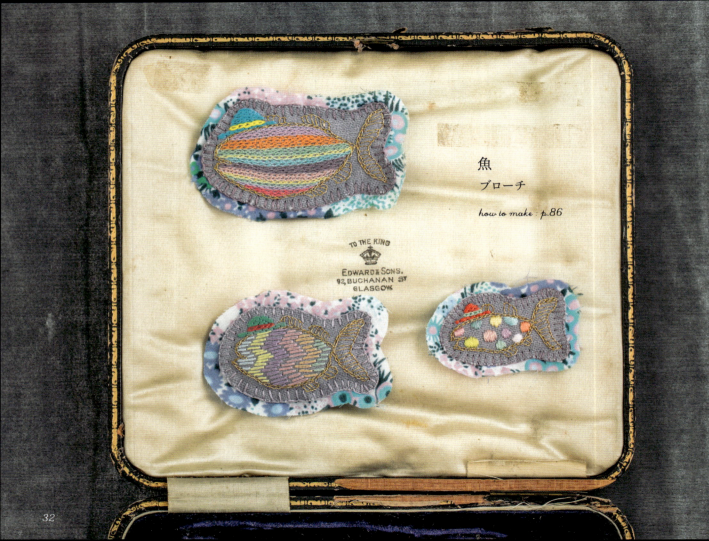

魚
ブローチ

how to make : p.86

タコ、イカ
ブローチ

how to make : p.87

きのこ
ブローチ

how to make p.88-89

いちご
タックピン

how to make : p.90

フルーツ
ハットピン

how to make : p.91

ティーセット
ネックレス

how to make : p.94

リボン
ブローチ

how to make : p.95

♣ 本書の刺繍で使う道具と材料

刺繍アクセサリーを作るためにそろえておきたい道具と材料を紹介します。
作りながら、自分が使いやすいものを見つけていくとよいでしょう。

Basic tool 道具

a	布切りばさみ	小さなサイズのものを作るときは、あまり大きくない方が使いやすい。布の厚さにあわせたものを使えば、よりきれいな仕上がりになる。
b	糸切りばさみ	刺繍糸を切るときに使用。
c	刺繍枠	刺繍する布を均等に押さえ、刺繍するときに布がつったりするのを防ぐ。ここでは直径12cmのものを使用。
d	刺繍針	7～10号のフランス刺繍針。使う刺繍糸の本数によって号数を変える。
e	ビーズ刺繍針	ビーズを縫いつけるときに使用する細い針。使うビーズ（丸小、特小）が通る細さのものを選ぶ。
f	トレース用のペーパーとペン	図案を布に写すために使用。図案が透き通って見え、専用ペンでなぞる（転写シート不要）タイプのものが便利。ペンは黒色・濃色布用、水で消えるもの、自然に消えるものなどを使い分ける。
g	手芸用ボンド	フェルトと合皮を貼り合わせるときに使用。乾くと透明になるものを選ぶとよい。
h	ほつれ止め	布端を切りっぱなしのまま仕上げるときに塗り、ほつれを防止する。少量を取り、少しずつ塗ること。
i	多用途接着剤	アクセサリーパーツの接着などに使用。乾くと透明になるものを選ぶとよい。

Basic material 材料

【布】

a　フェルト［→表布用］
2mm厚程度のもの。切りっぱなしで使え、接着芯やキルト芯を使わずに裏布と縫い合わせて使える。

b　中肉の布［→表布用］
オックスフォード（写真）やシーチングのような平織りの布が刺しやすい。

c　キルト芯
1mm厚程度のもの。作品をふっくらと仕上げたいときに表布と裏布の間に入れる。

d　薄手接着芯
表布に張りを持たせ、補強する。本書では刺繍をした表布にアイロンで接着。

e　薄手の布、レース［→飾り布用］
本書では表布と裏布の間に挟み、飾り布として使用。ほつれ止めで処理し、切りっぱなしで使う。

f　中厚手の布、合皮［→裏布用］
厚みがあり、透けない布を選ぶ。

【糸】

g　25番刺繍糸（DMCの糸を使用）
メインで使用する綿100％の刺繍糸。6本で撚ってあるものを、1本ずつ引きそろえ、1〜3本どりで使用する。

h　25番ラメ刺繍糸（DMCライトエフェクト糸を使用）
ポリエステル100％。6本で撚ってあるものを、1本ずつ引きそろえ、1本どりで使用する。

i　5番刺繍糸（DMCの糸を使用）
パールメタリック糸。2本で撚ってあるものを、1本どりで使用する。

j　ラメ刺繍糸（フジックスLAMEを使用）
8本合わせになっているものを、そのまま使用。

【ビーズ類】

k　ビーズワーク専用糸
通したビーズがすべりやすいナイロン100％の糸。細めの#60がおすすめ。

l　丸小ビーズ
シードビーズの丸小サイズ。

m　特小ビーズ
シードビーズの特小サイズ。丸小よりも小さい。

n　各種ビーズ
左から、天然石、パール、クリスタル、チェコビーズ。サイズ、形、糸を通す穴の位置などさまざまあるので、作品にあうものを選ぶ。

43

♣ 刺繍アクセサリー 基本の作り方　〜 P.38のブローチを例に

どの作品にも共通する基本の流れを覚えましょう。＊本作品の刺繍の詳細はp.92を参照してください。

1 図案（コピーしたものでも可）にトレース用ペーパーを重ね、専用ペンでなぞる。
>> トレース用ペーパーと専用ペンについてはp.42を参照。

2 図案を写したトレース用ペーパーを布に重ね、上から再び専用ペンでなぞる。インクが布までしみて、図案が写る。

3 刺繍枠の中心に図案がくるようにして、内枠と外枠をはめて固定する。

4 刺繍をする。
>> 準備する刺繍糸の色と本数、図案のどこから刺繍するか、どのステッチを施すかは各作品の作り方（p56〜）を参照。

5 刺繍部分より少し大きめのサイズの接着芯を用意し、布の裏に、アイロンでつける。

6 布をカットする。このとき、表布と裏布の合わせ方（p46〜49参照）によって、布端までの余白を調整する。ここではバックステッチで縫い合わせ、あとから形を整えるため、やや大きめにカット。

7 刺繍部分のサイズにあわせたキルト芯、裏布を準備する。

8 裏布にアクセサリーパーツ（ここではブローチ金具）を縫い付ける。
>> アクセサリーパーツの取り付け方は p54〜55 を参照。

9 表布と裏布（柄を外側に向ける）でキルト芯を挟み、縫い合わせる。糸の玉止めは内側に入れるとよい。飾り布を入れるときはここで一緒に挟む。

10 表布、キルト芯（あれば飾り布）、裏布を縫い合わせる。ここでは刺繍の周囲をバックステッチする。

11 はさみで布をカットして形を整える。

12 ほつれ止めを塗り、しっかりと乾かす。

♣ 表布と裏布の合わせ方

刺繍した表布と裏布を合わせるバリエーションを紹介します。
接着芯、キルト芯は各作品にあわせて使用してください。 ※見えやすいように、目立つ色の糸を使用しています。

・接着剤で貼り合わせる

表布（フェルト）　裏布（合皮）

1　刺繍した表布と裏布を準備する。裏布にアクセサリーパーツを縫い付け、手芸用ボンドで貼り合わせる。1日以上置き、しっかりと乾かす。

2　はさみで刺繍の輪郭に沿って切り、形を整える。

Finished

切りっぱなしでOK。一番手軽にできる方法。

---

memo
フェルトと合皮の
組み合わせのときに

どちらも布自体に厚みと張りがあり、切りっぱなしでもほつれにくい布。この組み合わせなら、接着剤での貼り合わせが一番簡単です。

・バックステッチ（p50参照）で縫い合わせる

1　接着芯を貼った表布、キルト芯、裏布を重ねて、バックステッチで刺繍部分の周りを縫う。

2　複雑な形の場合は、少し大まかなラインで縫い進める。

Finished

表布と裏布を縫い合わせる方法としては、一番シンプルな方法。
>> この後、布をカットしてほつれ止めを塗る（p45 11〜12参照）。

・ブランケットステッチ（p51参照）で縫い合わせる

1 接着芯を貼った表布、飾り布、キルト芯、裏布を重ねて縫いはじめる。表布のフチに糸がかかる。

2 2針めを縫ったところ。

3 均等な幅で縫い進める。

糸の色によっては縫い目が目立つので、デザインにもなる。

・ブランケットステッチ（p51参照）＋チェーンステッチ（P.50参照）でピコットを作る

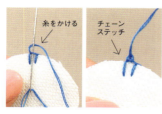 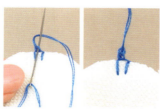 

1 接着芯を貼った表布、キルト芯、裏布を重ねて縫いはじめる。ブランケットステッチで2針進んだら、針先をフチの糸に通し、糸をかけて針を抜き、チェーンステッチを1目作る。

2 1で作ったチェーンに針先を通し、糸をかけて針を抜き、チェーンステッチの2目めを作る。

3 もう一度チェーン（3目め）を作ったら、針をブランケットステッチの糸に通す。チェーン3目が丸まり、ピコットができる。

適当な間隔で、チェーンステッチでピコットを作りながら縫い進める。ふち飾りがかわいい仕上がりに。ピコットを作る間隔はお好みで。

・ブランケットステッチ（p51参照）＋ビーズで縫い合わせる

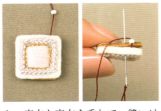

1 表布と裏布を重ねて、縫いはじめる。糸にビーズを通し、ブランケットステッチで縫い進める。

2 1針縫い終わったところ。

3 糸にビーズを通し、ブランケットステッチで縫い進める（2針め）。

4 ビーズの大きさに合わせた幅のブランケットステッチで縫い進める。正面から見たときにビーズの穴が横に向く仕上がり。

・バックステッチ（p50参照）でビーズを飾り、ブランケットステッチ（p51参照）で縫い合わせる

1 表布にバックステッチでビーズを飾る。ビーズを4個通し、バックステッチで戻るときにビーズを2個ひろう。

2 またビーズを4個通し、バックステッチで戻るときにビーズを2個ひろう。

3 1周ビーズを縫い付けたら、裏布を重ねブランケットステッチで縫い止める。ビーズとビーズの間に糸がわたる。

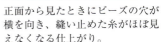

正面から見たときにビーズの穴が横を向き、縫い止めた糸がほぼ見えなくなる仕上がり。

・ブリックステッチ＋ビーズで縫い合わせる

1 表布と裏布を重ねて、縫いはじめる。表布から出した糸にビーズを2個通し、針を裏から表に出す。

2 表から出た針で進行方向側のビーズを1個ひろう。

3 糸を進行方向に軽く引き、ビーズの穴を外側に向ける。

4 糸にビーズを1個通す。

5 針を裏から表に出す（*1*と同様の工程）。

6 表から出た針で進行方向側のビーズを1個ひろい、糸を軽く引き、ビーズの穴を外側に向ける。

7 *5*〜*6*を繰り返し、縫い進める。

正面から見たときにビーズの穴が外側に向いて並び、縫い目が見える仕上がり。

♣ 基本のステッチ

本書の刺繍アクセサリーに使うステッチを紹介します。ステッチの組み合わせで、多彩な表現ができます。

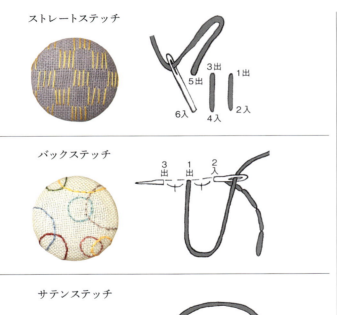

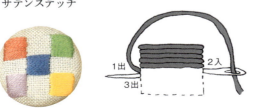

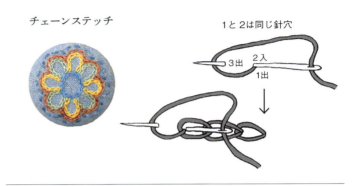

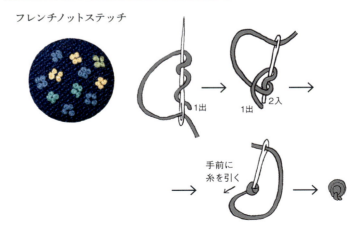

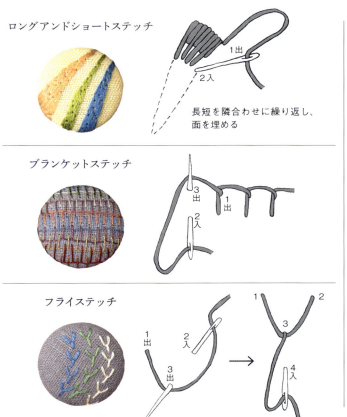
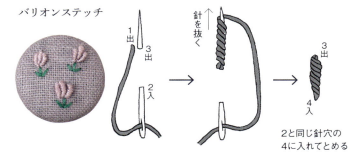
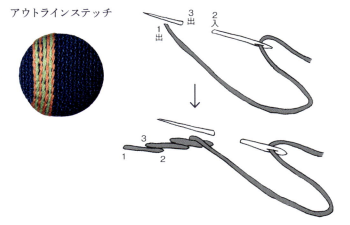

ランニングステッチ

ダーニングステッチ

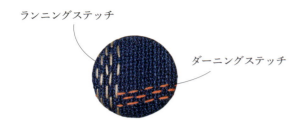

● ランニングステッチ

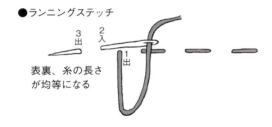

表裏、糸の長さが均等になる

● ダーニングステッチ

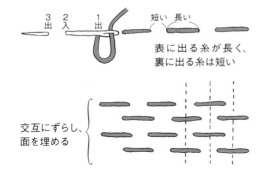

表に出る糸が長く、裏に出る糸は短い

交互にずらし、面を埋める

ジャーマンノットステッチ

ケーブルステッチ

● ジャーマンノットステッチ

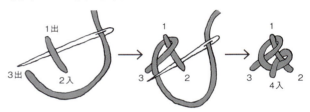

● ケーブルステッチ

ジャーマンノットステッチを繰り返してつなげる

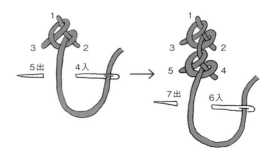

52

♣ アクセサリーへの仕立て方

刺繍をアクセサリーに仕立てる方法と必要な道具、材料を紹介します。
作りたいものにあわせて必要なもの、好みのデザインのものを準備しましょう。

Tool 道具

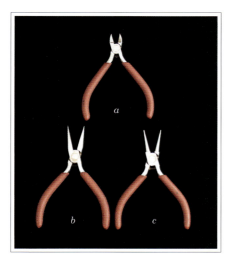

a ニッパー
チェーンや9ピンの先端など金属パーツを切るときに使う。

b 平ヤットコ
先端が平たい。カン類の開閉や金具を閉じるときなどに使う。

c 丸ヤットコ
先端が丸くなっている。9ピンの先を丸く曲げるときに使う。

Material 材料

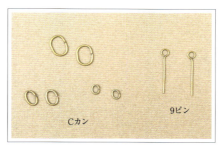

カン、ピン類
本書では主にCカンと9ピンを使用。それぞれ適正なサイズを選ぶこと。

留め具
ネックレスに仕立てるときのチェーンの留め具として使う。チェーンにはカン類でつなぐ。

チェーン類
ネックレスに仕立てるときに、適当な長さにカットして使う。

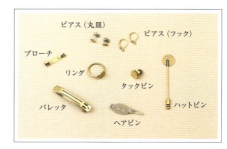

アクセサリーパーツ
それぞれのアクセサリーに仕立てるための金具類。

53

♣ アクセサリー金具の取り付け方

*バレッタ、ブローチ

1 裏布の表面に金具を縫い付ける。

2 表布と縫い合わせる。

*ハットピン

 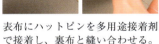

表布にハットピンを多用途接着剤で接着し、裏布と縫い合わせる。

*リング、ヘアピン

表布と裏布を縫い合わせた刺繍パーツに、多用途接着剤でリング台を接着する。

*ヘアゴム

1 目打ちで裏布にゴムを通す穴をあけ、ゴムの両端を通す。

2 ゴムの両端を結び、表布と縫い合わせる。

*ピアス、タックピン

1 表布、裏布、タックピン（もしくはピアスパーツ）を用意する。

2 裏布に目打ちや針で穴をあけ、内側になる方向から外側に向けてパーツを挿す。表布と縫い合わせる。

54

①ビーズと9ピンを準備する。
②ビーズの穴に9ピンを通す。
③ビーズにそわせて曲げ、先端に対して直角に曲げる。
④9ピンの先端を曲げる。
⑤先端を巻いて、止める。

ドロップビーズに9ピンをつける

*ネックレス

1　表布、裏布、Cカン4個を準備する。

2　表布にCカンを縫い付け、裏布を重ねて縫い合わせる。

3　9ピンをつけたドロップビーズを2のCカンにつなぐ。

4　Cカンでチェーンをつなぎ、チェーンの両端に引き輪とアジャスターを取り付ける。

●カンの開閉

平ヤットコでカンを挟み、前後（手間と奥）に倒すようにして開ける。左右に引っ張って開けると変形したり強度が弱まるので注意。

留め具をつける

チェーンの片端に引き輪をつけ、片端にアジャスターをCカンでつける。

How to make

✣

p.4〜41の
作品の作り方

＊本書ではDMCの25番刺繡糸を主に使用し、そのほかにDMC5番刺繡糸、フジックスのラメ刺繡糸を使用しています。

＊材料表記は各作品1個（1組み）分です。

＊刺繡図案は原寸大です。記載事項は、「刺繡する順番、刺繡糸の色番号／糸の本数／ステッチの種類」となっています。

＊基本の道具、材料、ステッチなどp42〜55に目を通してから作りはじめましょう。各レシピには基本の材料に刺繡糸は表記していませんので、図案を参照して必要な色を準備してください。

パンジー { photo : p.4 }

材料
・表布（フェルト）
・裏布（合皮）
・特小ビーズ…適量
・ビーズワーク専用糸…適量
・ハットピン…1個

作り方
ハットピンを表布に接着し（p54参照）、表布と裏布は、ブリックステッチで特小ビーズをつけながら縫い合わせる（p49参照）。

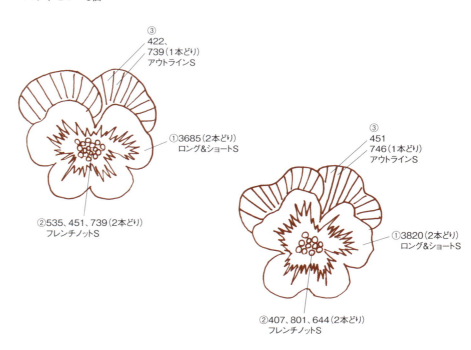

③
422、
739（1本どり）
アウトラインS

①3685（2本どり）
ロング＆ショートS

②535、451、739（2本どり）
フレンチノットS

③
451
746（1本どり）
アウトラインS

①3820（2本どり）
ロング＆ショートS

②407、801、644（2本どり）
フレンチノットS

蝶 { photo : p.5 }

材料
・表布（フェルト）
・裏布（合皮）
・丸小ビーズ…2個
・特小ビーズ…適量
・ビーズワーク専用糸…適量
・ブローチ金具…1個

作り方
針で特小ビーズ5個、丸小ビーズ1個、特小ビーズ1個をひろい、右図を参考に表布に縫い付けて触覚にする（2本作る）。裏布にブローチ金具を縫い付け（p54参照）、表布と裏布は、ブリックステッチで特小ビーズをつけながら縫い合わせる（p49参照）。

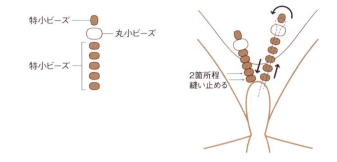

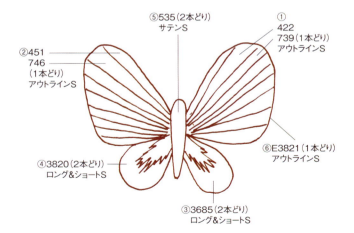

シック&アースカラーの ジュエリーモチーフ

{ photo : p.6-7 }

《バレッタ》

材料
・表布（フェルト）
・裏布（フェルト）
・丸小ビーズまたは特小ビーズ…適量
・ビーズワーク専用糸…適量
・バレッタ金具…1個

作り方
裏布にバレッタ金具を縫い付け（p54参照）、表布と裏布は、ブリックステッチで丸小または特小ビーズをつけながら縫い合わせる（p49参照）。

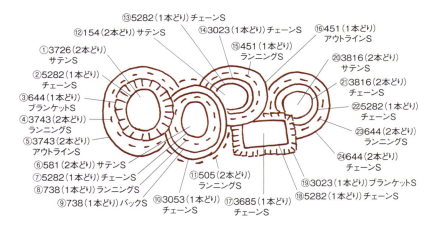

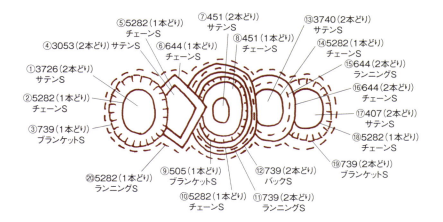

《ヘアゴム》

材料
・表布（フェルト）
・裏布（フェルト）
・丸小ビーズまたは特小ビーズ…適量
・ビーズワーク専用糸…適量
・ヘアゴム…1本

作り方
裏布にヘアゴムを取り付ける（p54参照）。刺繍の外回りを0.1cm残して表布を切り、0.1cmの部分にバックステッチで丸小または特小ビーズをつける（p48参照）。表布と裏布は、ブランケットステッチで縫い合わせる（p48参照）。

①644（2本どり）サテンS
②E3852（1本どり）チェーンS
③3726（1本どり）チェーンS
④E3852（1本どり）チェーンS
⑤3328（2本どり）サテンS
⑥3685（1本どり）チェーンS
⑦E3852（1本どり）チェーンS
⑧3726（2本どり）サテンS
⑨3820（1本どり）チェーンS
⑩E3852（1本どり）チェーンS
⑪451、3023（2本どり）ランニングS
⑫E3852（1本どり）チェーンS
⑬3820（2本どり）チェーンS

《ネックレス》

材料
・表布（フェルト）
・裏布（フェルト）
・特小ビーズ…適量
・ビーズワーク専用糸…適量
・ドロップビーズ…3個
・9ピン…3本
・Cカン（小）…4個
・丸カン（中）…1個
・丸カン（小）…2個
・ネックレスチェーン…1本
・引き輪…1個

作り方
p55を参考に、ネックレスに仕立てる。
表布と裏布は、ブランケットステッチで特小ビーズをつけながら縫い合わせる（p48参照）。

①644（2本どり）サテンS
②644（2本どり）チェーンS
③E3852（1本どり）チェーンS
④931（2本どり）ケーブルS
⑤E3852（1本どり）チェーンS
⑥3053（2本どり）サテンS
⑦E3852（1本どり）チェーンS
⑧369（1本どり）チェーンS
⑨E3852（1本どり）チェーンS
⑩407（2本どり）サテンS
⑪936（1本どり）チェーンS
⑫E3852（1本どり）チェーンS

フラワー　{ photo : p.8-9 }

材料
- 表布（平織り）
- 飾り布（レース）
- 裏布（綿布プリント柄）
- 接着芯
- キルト芯
- ブローチ金具…1個

作り方
表布に接着芯を貼る。裏布にブローチ金具を縫い付け（p54参照）、表布と飾り布の間にキルト芯を挟み、裏布とブランケットステッチで縫い合わせる（p47参照）。

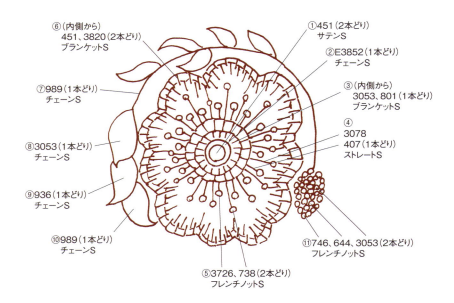

①451（2本どり）サテンS
②E3852（1本どり）チェーンS
③（内側から）3053、801（1本どり）ブランケットS
④3078　407（1本どり）ストレートS
⑤3726、738（2本どり）フレンチノットS
⑥（内側から）451、3820（2本どり）ブランケットS
⑦989（1本どり）チェーンS
⑧3053（1本どり）チェーンS
⑨936（1本どり）チェーンS
⑩989（1本どり）チェーンS
⑪746、644、3053（2本どり）フレンチノットS

材料
・表布（平織り）
・裏布（綿布プリント柄）
・接着芯
・キルト芯
・ブローチ金具…1個

作り方
表布に接着芯を貼る。裏布にブローチ金具を縫い付ける（p54参照）。表布と裏布でキルト芯を挟み、チェーンステッチでピコットを作りながらブランケットステッチで縫い合わせる（p47参照）。

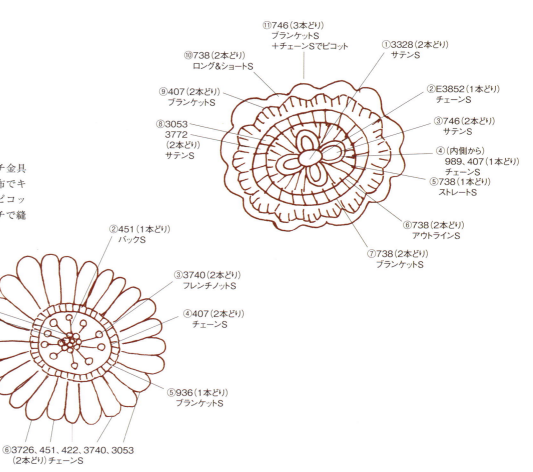

ロゼット { photo : p.10-11 }

材料
- 表布（フェルト）
- 裏布（合皮）
- ブローチ金具…1個

作り方
裏布にブローチ金具を縫い付け（p54参照）、表布と裏布を接着剤で貼り合わせる（p46参照）。

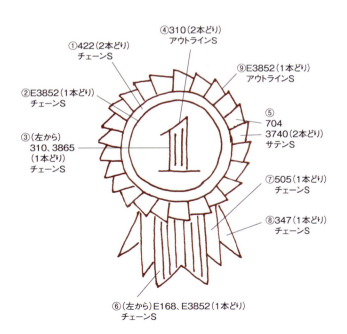

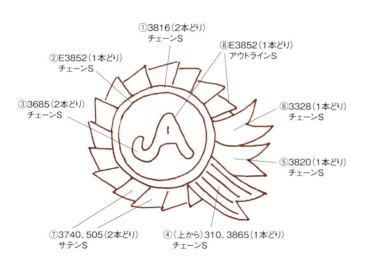

ドゥオモ { photo : p.12 }

材料
- 表布（平織り）
- 飾り布（レース）
- 裏布（綿布プリント柄）
- 接着芯
- キルト芯
- ブローチ金具…1個

作り方
表布に接着芯を貼る。裏布にブローチ金具を縫い付け（p54参照）、表布と飾り布の間にキルト芯を挟み、裏布とブランケットステッチで縫い合わせる（p47参照）。

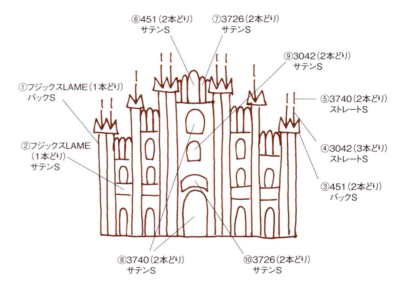

王冠　{ photo : p.13 }

材料
・表布（平織り）
・飾り布（レース）
・裏布（綿布プリント柄）
・接着芯
・キルト芯
・ブローチ金具…1個

作り方
表布に接着芯を貼る。裏布にブローチ金具を縫い付け（p54参照）、表布と飾り布の間にキルト芯を挟み、裏布とブランケットステッチで縫い合わせる（p47参照）。

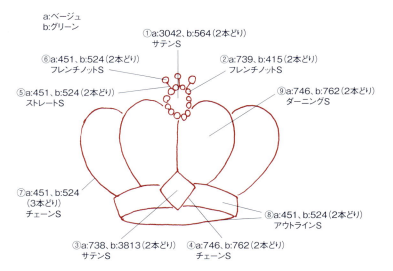

蝶と花 { photo : p.14 }

材料
・表布（フェルト）
・裏布（合皮）
・特小ビーズ…適量
・ビーズワーク専用糸…適量
・ピアス金具（丸皿）…1組み

作り方
裏布にピアスのポストを通す（p54参照）。表布と裏布をブリックステッチで特小ビーズをつけながら縫い合わせる（p49参照）。

ブーケ { photo : p.15 }

材料
・表布（フェルト）
・裏布（合皮）
・特小ビーズ…適量
・ビーズワーク専用糸…適量
・ブローチ金具…1個

作り方
裏布にブローチ金具を縫い付ける（p54参照）。表布と裏布をブリックステッチで特小ビーズをつけながら縫い合わせる（p49参照）。

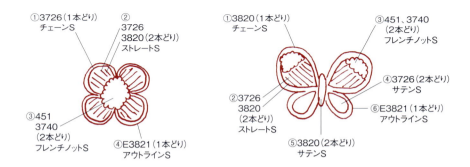

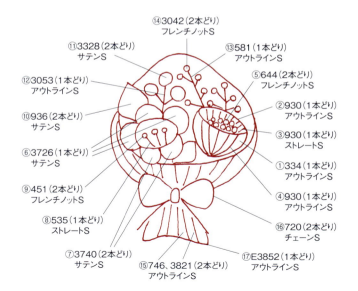

花 { photo : p.15 }

材料
- 表布（フェルト）
- 裏布（合皮）
- 特小ビーズ…適量
- ビーズワーク専用糸…適量
- ヘアゴム…1本

作り方
裏布にヘアゴムを取り付ける（p54参照）。表布と裏布をブリックステッチで特小ビーズをつけながら縫い合わせる（p49参照）。

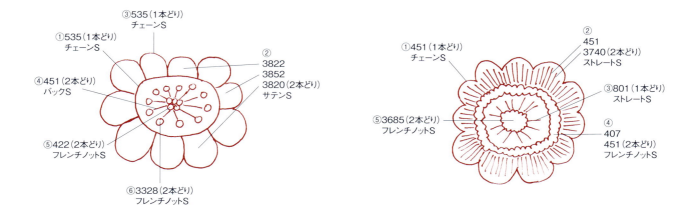

くつ下 { photo : p.16 }

材料
- 表布（フェルト）
- 裏布（合皮）
- 特小ビーズ…適量
- ビーズワーク専用糸…適量
- ブローチ金具…1個

作り方
裏布にブローチ金具を縫い付ける（p54参照）。表布と裏布をブリックステッチで特小ビーズをつけながら縫い合わせる（p49参照）。

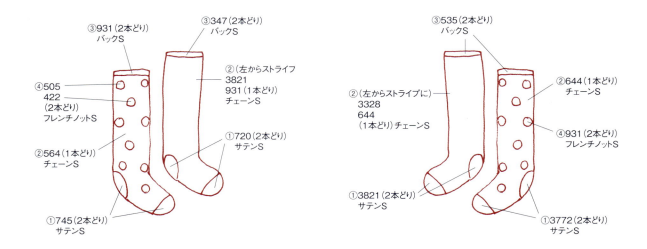

タキシード＆ドレス { photo: p.17 }

材料
- 表布（平織り）
- 裏布（綿布プリント柄）
- 接着芯
- キルト芯
- ブローチ金具…1個

作り方
p44〜45を参考に、ブローチに仕立てる。表布と裏布をバックステッチで縫い合わせる（p46参照）。

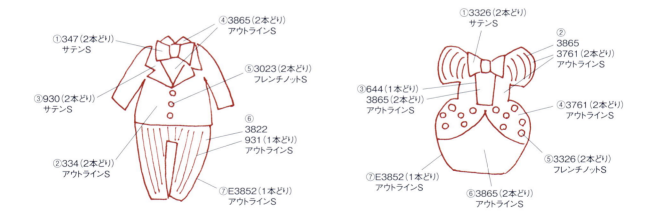

スクエア、ドロップ、オーバル { photo : p.18-19 }

《リング》

材料
・表布（フェルト）
・裏布（フェルト）
・特小ビーズ…適量
・ビーズワーク専用糸…適量
・リング金具…1個

作り方
刺繍の外回りを0.1cm残して表布を切り、0.1cmの部分にバックステッチで特小ビーズをつける（p48参照）。表布と裏布は、ブランケットステッチで縫い合わせる（p48参照）。リング金具を裏布に接着する（p54参照）。

《ピアス a》

材料
・表布（フェルト）
・裏布（合皮）
・特小ビーズ…適量
・丸小ビーズ…適量
・ビーズワーク専用糸…適量
・ピアス金具…1組み

作り方
ピアス金具を裏布に取り付ける（p54参照）。表布と裏布をブリックステッチで特小ビーズと丸小ビーズを交互につけながら縫い合わせる（p49参照）。

《ピアス b》

材料
・表布（フェルト）
・裏布（合皮）
・特小ビーズ…適量
・ビーズワーク専用糸…適量
・ピアス金具…1組み
・ドロップビーズ…2個
・9ピン…2本
・Cカン…4個

作り方
ピアス金具を裏布に取り付ける（p54参照）。Cカンを表布に縫い付け、表布と裏布をブリックステッチで特小ビーズをつけながら縫い合わせる（p49参照）。9ピンをつけたドロップビーズ（p55参照）をつなぐ。

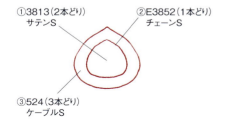

①3813（2本どり）サテンS
②E3852（1本どり）チェーンS
③524（3本どり）ケーブルS

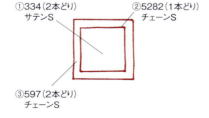

①334（2本どり）サテンS
②5282（1本どり）チェーンS
③597（2本どり）チェーンS

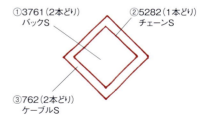

①3761（2本どり）バックS
②5282（1本どり）チェーンS
③762（2本どり）ケーブルS

《ヘアピン》

材料
・表布（フェルト）
・裏布（合皮）
・特小ビーズ…適量
・丸小ビーズ…適量
・ビーズワーク専用糸…適量
・ヘアピン金具…1個

作り方
刺繍の外回りを0.1cm残して表布を切り、0.1cmの部分にバックステッチで丸小ビーズをつける（p48参照）。表布と裏布は、ブランケットステッチで特小ビーズをつけながら縫い合わせる（p48参照）。ヘアピン金具を裏布に接着する（p54参照）。

①597（2本どり）
サテンS
②E3852（1本どり）
チェーンS
③3813（3本どり）
ケーブルS

《フープピアス》

材料
・表布（フェルト）
・裏布（フェルト）
・特小ビーズ…適量
・ビーズワーク専用糸…適量
・ピアス金具（フープタイプ）…1組み
・ドロップビーズ…6個
・パールビーズ…2個
・9ピン…8本
・Cカン（中）…2個
・Cカン（小）…6個

作り方
表布と裏布に同じ刺繍をほどこす。Cカンを表布に縫い付ける（4箇所）。表布と裏布は、ブランケットステッチで特小ビーズをつけながら縫い合わせる（p48参照）。9ピンをつけたドロップビーズ（p55参照）をCカン（小）につなぐ。9ピンを通したパールビーズをCカン（中）につなぐ。ピアス金具を取り付ける。

①747（2本どり）
チェーンS
②E168（1本どり）
チェーンS
③762（2本どり）
ケーブルS

《ネックレス》

材料
・表布（フェルト）
・裏布（フェルト）
・特小ビーズ…適量
・ビーズワーク専用糸…適量
・ネックレスチェーン…1本
・ドロップビーズ…3個
・パールビーズ…1個
・9ピン…4本
・Cカン（中）…1個
・Cカン（小）…4個
・アジャスター、引き輪…各1個

作り方
p55を参考に、ネックレスに仕立てる。表布と裏布は、ブランケットステッチで特小ビーズをつけながら縫い合わせる（p48参照）。9ピンを通したパールビーズ（右写真）とチェーンをCカン（小）でつなぐ。

①3813（2本どり）
チェーンS
②E3852（1本どり）
チェーンS
③951（3本どり）
ケーブルS

クロスとドロップ { photo : p.20 }

《ネックレス》

材料
- 表布（フェルト）
- 裏布（フェルト）
- 丸小ビーズ…適量
- ビーズワーク専用糸…適量
- 天然石ビーズ（ローズクォーツ）…21個
- 9ピン…21本
- Cカン（中）…8個
- Cカン（極小）…17個
- ナイロンチェーン…2本
- ネックレスチェーン…1本
- アジャスター、引き輪…各1本

作り方

p55と右図を参考に、ネックレスに仕立てる。表布と裏布はブリックステッチで丸小ビーズをつけながら縫い合わせる（p49参照）。

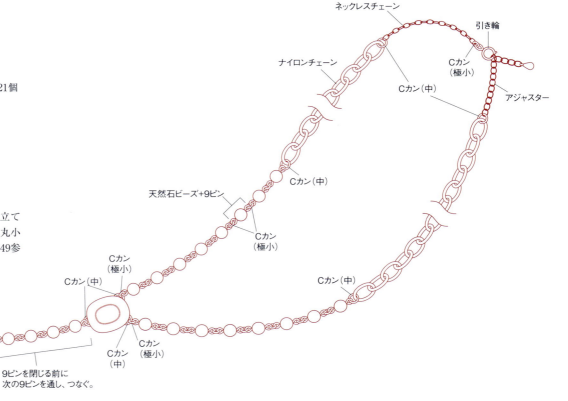

《ピアス》

材料

- 表布（フェルト）
- 裏布（フェルト）
- 特小ビーズ…適量
- ビーズワーク専用糸…適量
- ドロップビーズ…6個
- パールビーズ…2個
- 9ピン…8本
- Cカン（中）…2個
- Cカン（小）…6個
- ピアス金具（フックタイプ）…1組み

作り方

表裏と裏布に同じ刺繍をほどこす。Cカンを表布に縫い付ける（4箇所）。表布と裏布は、ブランケットステッチで特小ビーズをつけながら縫い合わせる（p48参照）。9ピンをつけたドロップビーズ（p55参照）をCカン（小）につなぐ。9ピンを通したパールビーズ（下写真）をCカン（中）につなぐ。ピアス金具を取り付ける。

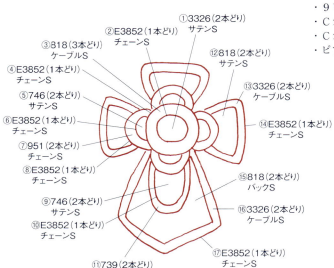

⑱3326（2本どり）サテンS
⑲E3852（1本どり）チェーンS
⑳818（3本どり）ケーブルS

①3326（2本どり）サテンS
②E3852（1本どり）チェーンS
③818（3本どり）ケーブルS
④E3852（1本どり）チェーンS
⑤746（2本どり）サテンS
⑥E3852（1本どり）チェーンS
⑦951（2本どり）チェーンS
⑧E3852（1本どり）チェーンS
⑨746（2本どり）サテンS
⑩E3852（1本どり）チェーンS
⑪739（2本どり）ケーブルS
⑫818（2本どり）サテンS
⑬3326（2本どり）ケーブルS
⑭E3852（1本どり）チェーンS
⑮818（2本どり）バックS
⑯3326（2本どり）ケーブルS
⑰E3852（1本どり）チェーンS

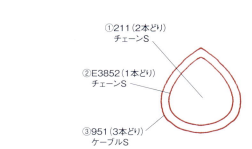

①211（2本どり）チェーンS
②E3852（1本どり）チェーンS
③951（3本どり）ケーブルS

パステルカラーのジュエリーモチーフ { *photo : p.21* }

材料
- 表布（フェルト）
- 裏布（フェルト）
- 特小ビーズ…適量
- ビーズワーク専用糸…適量
- ドロップビーズ…3個
- 9ピン…3本
- Cカン（大）…4個
- Cカン（中）…8個
- Cカン（小）…1個
- ナイロンチェーン…2本
- ネックレスチェーン…1本
- アジャスター、引き輪…各1個

作り方
p55と右図を参考に、ネックレスに仕立てる。表布と裏布はブランケットステッチで特小ビーズをつけながら縫い合わせる（p48参照）。

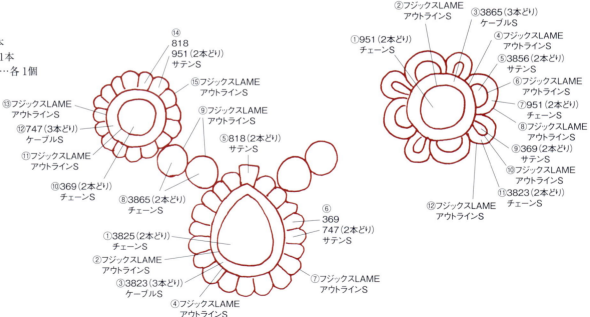

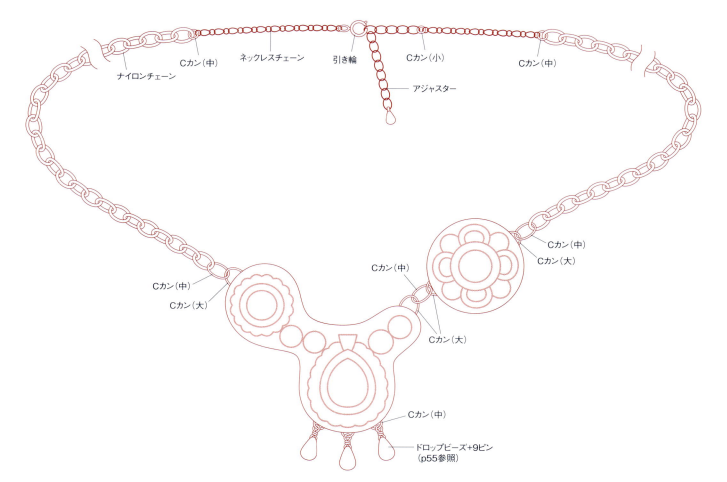

レオパード柄のリボン { photo : p.22 }

材料
・表布（フェルト）
・裏布（合皮）
・丸小ビーズ…適量
・ビーズワーク専用糸…適量
・ブローチ金具…1個

作り方
裏布にブローチ金具を縫い付け（p54参照）、表布と裏布をブリックステッチで丸小ビーズをつけながら縫い合わせる（p49参照）。

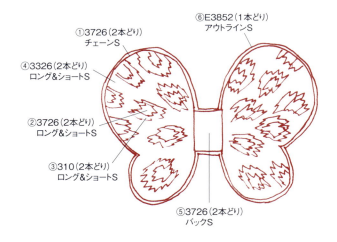
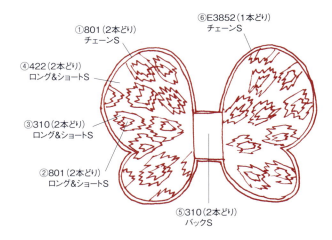

アニマル柄のリボン { photo : p.23 }

材料
- 表布（フェルト）
- 裏布（合皮）
- 特小ビーズ…適量
- ビーズワーク専用糸…適量
- パールビーズ…8個
- 9ピン…8本
- Cカン（中）…6個
- Cカン（小）…13個
- ネックレスチェーン…1本
- アジャスター、引き輪…各1個

作り方

表布にCカン（中）を縫い付ける。表布と裏布をブリックステッチで特小ビーズをつけながら縫い合わせる（p49参照）。9ピンをつけたパールビーズ（右写真）とCカンで刺繍パーツをつなぎ、さらに右図を参考にして、ネックレスに仕立てる。

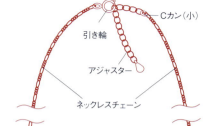

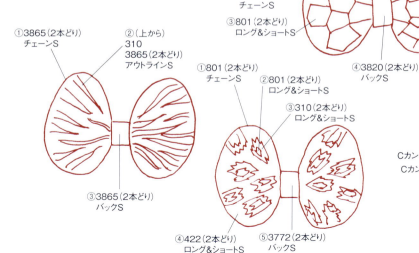

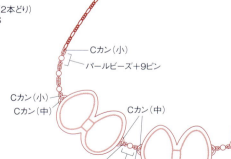

77

ライオン、キリン { photo : p.24-25 }

材料
・表布（平織り）
・飾り布（綿布プリント柄）
・裏布（綿布プリント柄）
・接着芯
・キルト芯
・ブローチ金具…1個

作り方
表布に接着芯を貼る。裏布にブローチ金具を縫い付け（p54参照）、表布と飾り布の間にキルト芯を挟み、裏布とブランケットステッチで縫い合わせる（p47参照）。

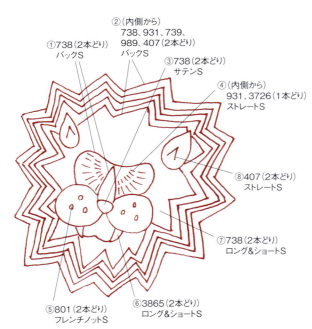

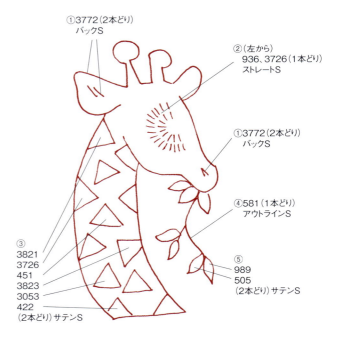

サーカス小屋 { photo : p.26 }

材料
・表布（平織り）
・裏布（綿布プリント柄）
・接着芯
・キルト芯
・ブローチ金具…1個

作り方
表布に接着芯を貼る。裏布にブローチ金具を縫い付ける（p54参照）。表布と裏布でキルト芯を挟み、チェーンステッチでピコットを作りながらブランケットステッチで縫い合わせる（p47参照）。

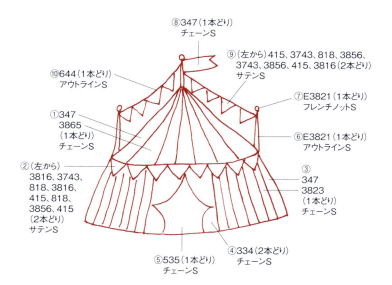

⑧347（1本どり）チェーンS
⑨（左から）415、3743、818、3856、3743、3856、415、3816（2本どり）サテンS
⑩644（1本どり）アウトラインS
⑦E3821（1本どり）フレンチノットS
①347 3865（1本どり）チェーンS
⑥E3821（1本どり）アウトラインS
②（左から）3816、3743、818、3816、415、818、3856、415（2本どり）サテンS
③347 3823（1本どり）チェーンS
⑤535（1本どり）チェーンS
④334（2本どり）チェーンS

恐竜 { photo : p.27 }

材料
- 表布（平織り）
- 裏布（綿布プリント柄）
- 接着芯
- キルト芯
- ブローチ金具…1個

作り方
表布に接着芯を貼る。裏布にブローチ金具を縫い付ける（p54参照）。表布と裏布でキルト芯を挟み、チェーンステッチでピコットを作りながらブランケットステッチで縫い合わせる（p47参照）。

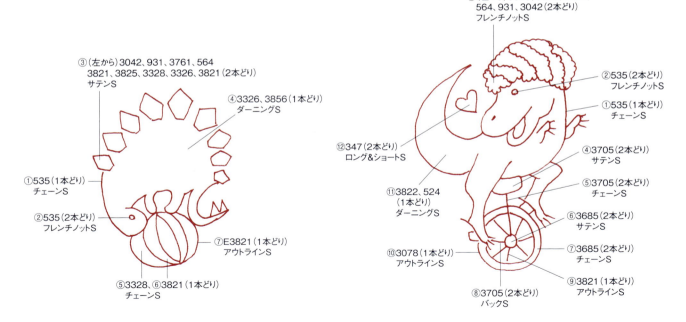

フクロウ { photo : p.28 }

材料
- 表布（平織り）
- 飾り布（綿布プリント柄）
- 裏布（綿布プリント柄）
- 接着芯
- キルト芯
- ブローチ金具…1個

作り方
表布に接着芯を貼る。裏布にブローチ金具を縫い付け（p54参照）、表布と飾り布の間にキルト芯を挟み、裏布とブランケットステッチで縫い合わせる（p47参照）。

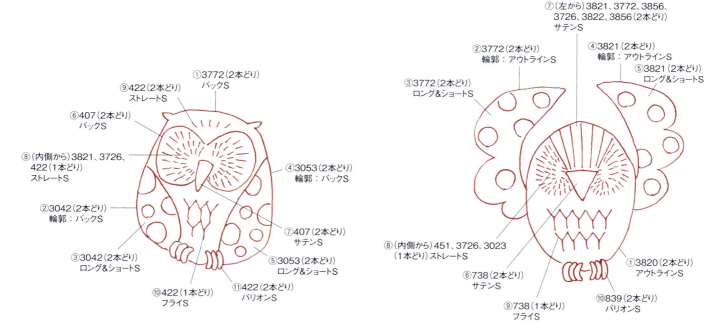

クジャク { photo : p.29 }

材料
・表布（平織り）
・飾り布（綿布プリント柄）
・裏布（綿布プリント柄）
・接着芯
・キルト芯
・ブローチ金具…1個

作り方
表布に接着芯を貼る。裏布にブローチ金具を縫い付け（p54参照）、表布と飾り布の間にキルト芯を挟み、裏布とブランケットステッチで縫い合わせる（p47参照）。

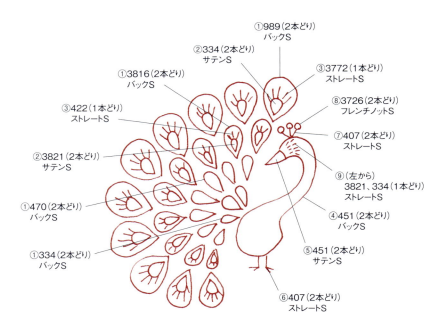

どうぶつ＆ナンバー　{ photo : p.31 }

材料
- 表布（平織り）
- 裏布（綿布プリント柄）
- 接着芯
- キルト芯
- ブローチ金具…1個

作り方
p44〜45を参考に、ブローチに仕立てる。表布と裏布をバックステッチで縫い合わせる（p46参照）。

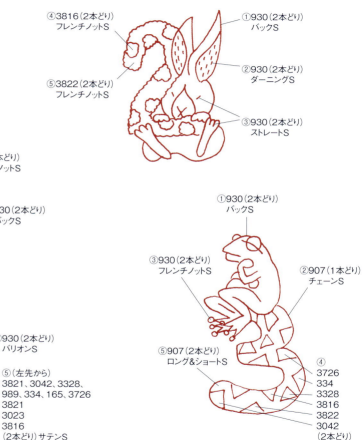

蝶ネクタイ { photo : p.30 }

材料
・表布（平織り、綿布）
・クリップ

作り方

1. 表布を準備し（縦9.0×横17.0cm）、図を参考に中心部分に刺繍をする。
2. 中表にしてたたみ、端から1.0cmのところを縫う。
3. 表に返し、刺繍部分の上下の布を内側へ折り込む。
4. 中心を糸でしぼって結び、リボンの形にする。
5. テープ状にした布を巻き、後ろで縫い止める。
6. クリップをつける。

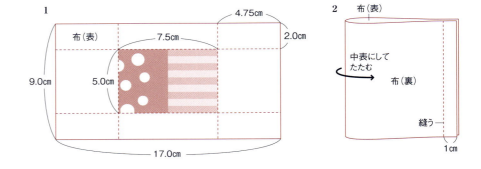

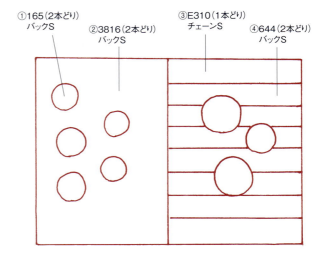

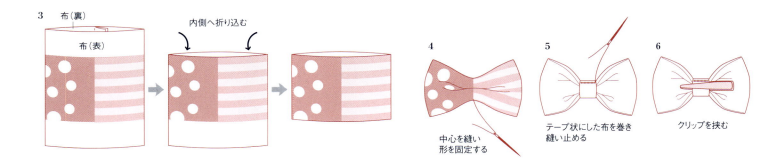

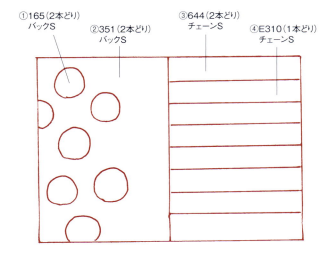

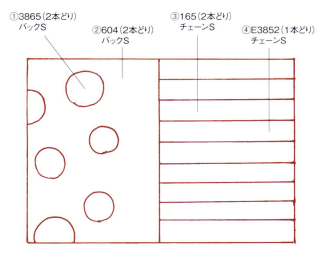

魚 { photo : p.32 }

材料
・表布（平織り）
・飾り布（綿布プリント柄）
・裏布（綿布プリント柄）
・接着芯
・キルト芯
・ブローチ金具…1個

作り方
表布に接着芯を貼る。裏布にブローチ金具を縫い付け（p54参照）、表布と飾り布の間にキルト芯を挟み、裏布とブランケットステッチで縫い合わせる（p47参照）。

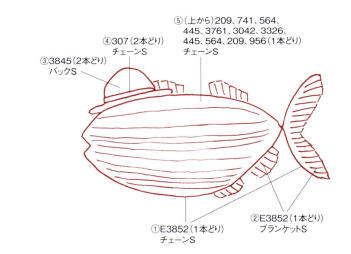

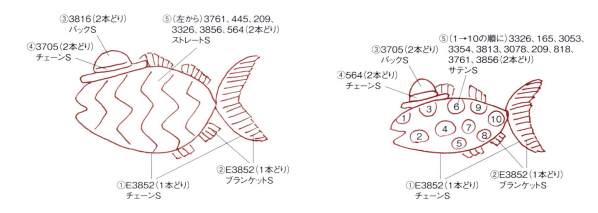

タコ、イカ { photo : p.33 }

材料
・表布（平織り）
・裏布（綿布プリント柄）
・接着芯
・キルト芯
・ブローチ金具…1個

作り方
p44〜45を参考に、ブローチに仕立てる。表布と裏布をバックステッチで縫い合わせる（p46参照）。

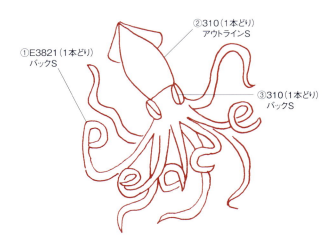
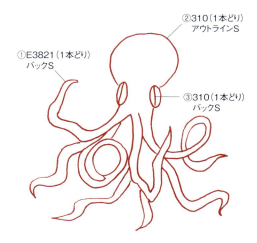

きのこ { photo : p.34-35 }

材料
- 表布（フェルト）
- 裏布（合皮）
- 特小ビーズ…適量
- ビーズワーク専用糸…適量
- ブローチ金具…1本

作り方
裏布にブローチ金具を取り付ける（p54参照）。刺繍の外回りを0.1cm残して表布を切り、0.1cmの部分にバックステッチで特小ビーズをつける（p48参照）。表布と裏布は、ブランケットステッチで縫い合わせる（p48参照）。

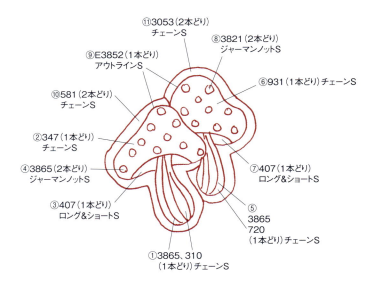

⑪3053（2本どり）チェーンS
⑨E3852（1本どり）アウトラインS
⑧3821（2本どり）ジャーマンノットS
⑩581（2本どり）チェーンS
⑥931（1本どり）チェーンS
②347（1本どり）チェーンS
④3865（2本どり）ジャーマンノットS
⑦407（1本どり）ロング&ショートS
③407（1本どり）ロング&ショートS
⑤3865 720（1本どり）チェーンS
①3865、310（1本どり）チェーンS

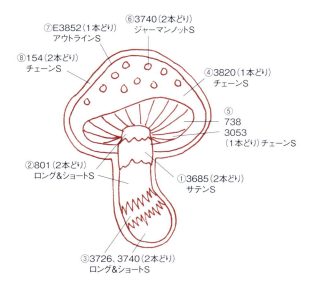
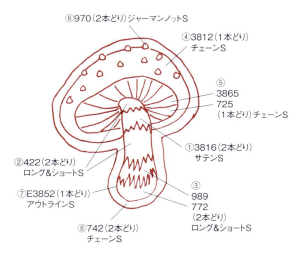

いちご { photo : p.36 }

材料
- 表布（フェルト）
- 裏布（合皮）
- 特小ビーズ…適量
- ビーズワーク専用糸…適量
- タックピン…1組み
- クリスタル…1個
- Cカン（中）…1個
- Cカン（小）…1個
- 9ピン…2個

作り方
大きないちごの表布にCカンを縫い付ける。小さないちごの表布の上部に9ピンを、下部にCカンを縫い付ける。大きないちごの裏布にタックピンを通す（p54参照）。表と裏をブリックステッチで特小ビーズをつけながら縫い合わせる（p49参照）。9ピンをつけたクリスタルを小さないちごに、小さないちごを9ピンで大きないちごにつける。

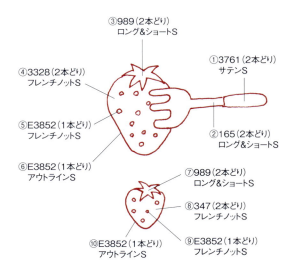

フルーツ { photo : p.37 }

材料
・表布（フェルト）
・裏布（合皮）
・特小ビーズ…適量
・ビーズワーク専用糸…適量
・ハットピン…1個

作り方
ハットピンを表布に接着し（p54参照）、表布と裏布は、ブリックステッチで特小ビーズをつけながら縫い合わせる（p49参照）。

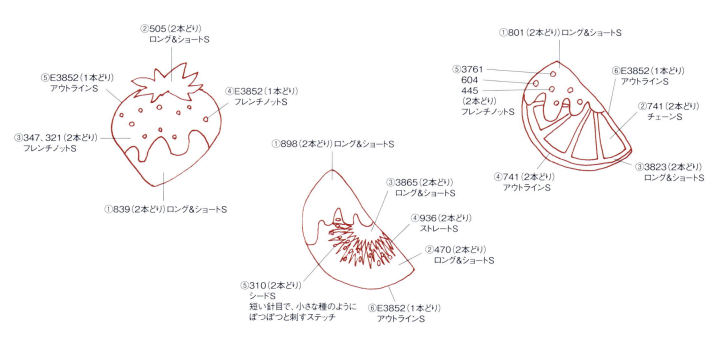

91

バースデーケーキ { photo : p.38 }

材料
・表布（平織り）
・裏布（綿布プリント柄）
・接着芯
・キルト芯
・ブローチ金具…1個

作り方
p44〜45を参考に、ブローチに仕立てる。表布と裏布をバックステッチで縫い合わせる（p46参照）。

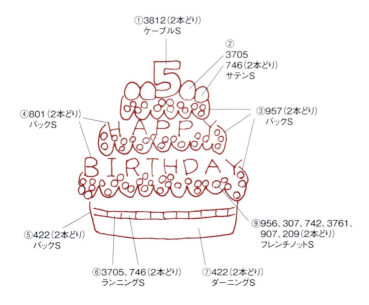

①3812（2本どり）ケーブルS
②3705、746（2本どり）サテンS
③957（2本どり）バックS
④801（2本どり）バックS
⑤422（2本どり）バックS
⑥3705、746（2本どり）ランニングS
⑦422（2本どり）ダーニングS
⑨956、307、742、3761、907、209（2本どり）フレンチノットS

小さなスイーツ { photo : p.38 }

材料
・表布（フェルト）
・裏布（合皮）
・特小ビーズ…適量
・ビーズワーク専用糸…適量
・タックピン…1組み

作り方
裏布にタックピンを取り付ける（p54参照）。刺繍の外回りを0.1cm残して表布を切り、0.1cmの部分にバックステッチで特小ビーズをつける（p48参照）。表布と裏布は、ブランケットステッチで縫い合わせる（p48参照）。

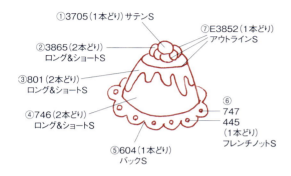
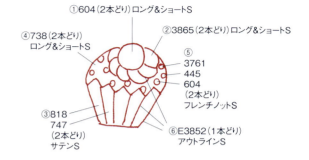
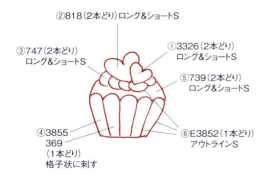
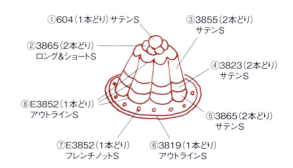

ティーセット { photo : p.39 }

材料
- 表布（フェルト）
- 裏布（合皮）
- 特小ビーズ…適量
- ビーズワーク専用糸…適量
- パールビーズ…8個
- 9ピン…8本
- Cカン（中）…6個
- Cカン（小）…13個
- ネックレスチェーン…1本
- アジャスター、引き輪…各1個

作り方
表布にCカン（中）を各2個ずつ縫い付ける。表布と裏布は、ブリックステッチで特小ビーズをつけながら縫い合わせる（p49参照）。9ピンをつけたパールビーズ（下写真）とCカンで刺繍パーツをつなぎ、さらに右図を参考に、ネックレスに仕立てる。

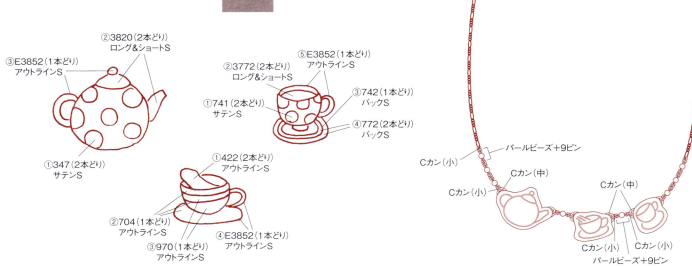

リボン { photo : p.40-41 }

材料
- 表布（フェルト）
- 裏布（合皮）
- 丸小ビーズ…適量
- ビーズワーク専用糸…適量
- ブローチ金具…1個

作り方

好みの色の刺繍糸で表布に刺繍をする。裏布にブローチ金具を縫い付ける（p54参照）。表布と裏布をブリックステッチで丸小ビーズをつけながら縫い合わせる（p49参照）。

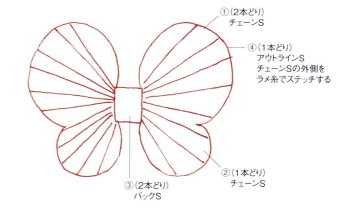

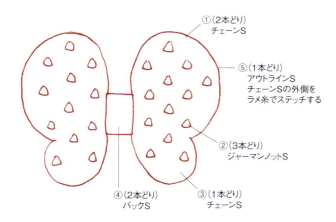

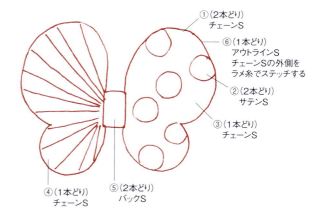

95

著 者
山神亜衣子

刺繡作家
https://lit.link/tsutae

Book design	平木千草
Photograph	加藤新作
	わだりか (p44〜55、著者近影)
Styling	串尾広枝
Illust	ウエイド (p56〜95)
Editing support	高井法子

《撮影協力店》
mu・mu　東京都渋谷区恵比寿西 1-21-5-1F
表紙／p6 ジュエリーボックス

《刺繡糸協力》
ディー・エム・シー株式会社　https://www.dmc.com/
株式会社フジックス　https://www.fjx.co.jp/

本書に掲載されている作品及びそのデザインの無断利用は、個人的に楽しむ場合を除き、著作権法で禁じられています。本書の全部または一部（掲載作品の画像やその作り方図等）をホームページに掲載したり、店頭、ネットショップ等で配布、販売したりする場合には、著作権者の許可が必要です。

本書の内容に関するお問い合わせは、お手紙かメール（jitsuyou@kawade.co.jp）にて承ります。
恐縮ですが、お電話でのお問い合わせはご遠慮くださいますようお願いいたします。

本書は 2013 年 10 月小社刊『ちいさな刺繡アクセサリー』を改題・新装したものです。

刺繡でたのしむハンドメイドアクセサリー

2013 年 10 月 30 日　初版発行
2024 年 9 月 20 日　新装版初版印刷
2024 年 9 月 30 日　新装版初版発行

著　者　山神亜衣子

発行者　小野寺優
発行所　株式会社 河出書房新社
　　　　〒162-8544　東京都新宿区東五軒町 2-13
　　　　電話　03-3404-1201（営業）
　　　　　　　03-3404-8611（編集）
　　　　https://www.kawade.co.jp/

印刷・製本　TOPPAN クロレ株式会社

Printed in Japan
ISBN978-4-309-29433-9

落丁本・乱丁本はお取り替えいたします。
本書のコピー、スキャン、デジタル化等の無断複製は著作権法上での例外を除き禁じられています。本書を代行業者等の第三者に依頼してスキャンやデジタル化することは、いかなる場合も著作権法違反となります。